¡REGRESE DE DONDE VINO!

Hagamos a los Americanos Grandes de Nuevo

BEN WOOD JOHNSON

TESKO

TESKO PUBLISHING
Pennsylvania

¡Regrese de Donde Vino!

Hagamos a los Americanos Grandes de Nuevo

Ben Wood Johnson

Las Crónicas de un Inmigrante

TESKO PUBLISHING
Pennsylvania

A mis hijos

ÍNDICE

PREFACIO

ESTE LIBRO FORMA PARTE de una colección de breves ensayos, que he compilado recientemente sobre los Estados Unidos. En este, hablo de mi desesperación a cerca del engrandecimiento de una antipatía inigualable en ese país. Argumento que el aumento del odio en América está convirtiéndose en un problema grave.

Debo admitir que había completado este libro desde el septiembre de 2019. Pero pensaba que no era el momento adecuado para publicarlo. Yo tenía miedo de represalias contra mi esposa y mis hijos.

En mayo de 2020, algo sorprendido ocurrió en los Estado Unidos. Esto fue la muerte de George Floyd por la policía de Minneapolis. Yo vi el país unirse para pedir justicia para el señor Floyd. Yo vi también gentes de todos lados salir en la calle para exigir justicia, no solamente para el señor Floyd, pero también para los afroamericanos en los Estados Unidos. En este entonces, tuve la fuerza [o tal vez los cojones] para publicar este libro.

Este trabajo no acentúa sobre el racismo. Sin embargo, dentro de esta pequeña formulación literaria, hago la revisión de la naturaleza de los sentimientos anti-inmigración en esta parte del mundo. Hablo de mis propias aflicciones. Hay de que preocuparse.

En este librito, comparto mi punto de vista sobre un momento escandaloso en la historia de los Estados Unidos. Pero este momento, insisto aquí, nos da una idea de la realidad del medio social estadounidense. Este momento, digo aquí también, refleja del mismo modo el nivel de odio que parece extenderse en el panorama norteamericano.

Este trabajo no es exhaustivo. Tampoco es una tentativa de expresar mi propio desprecio al respecto de América. Este no es un medio de difamar al pueblo estadounidense. Más bien, es una forma de compartir mi punto de vista sobre el estado de los Estados Unidos.

Por supuesto, estoy aventurando en terrenos desconocidos. Nunca es una buena idea de criticar a los Estados Unidos. Nunca es prudente de condenar a los americanos, sobre todo cuando se dedican a conductos moralmente cuestionables. No es siempre sabio de rechazar América por sus actos sea al nivel doméstico o en el extranjero.

Algunos han sufrido mucho por haber reprochado América por sus exacciones. Espero que este trabajo no me cause sufrimiento personal, ya que no es mi intención de dañar la reputación de América de una manera u otra. Espero que este libro no selle mi desgracia en América. Espero que no ofrezca a algunas personas un motivo para perseguir a mi familia y yo.

Vale la pena decirlo otra vez. Yo no soy un anti-América. No tengo nada contra los Estados Unidos. No tengo ningún rencor contra el pueblo estadounidense. Espero que las opiniones expresadas aquí no vayan a incitar a ninguna forma de odio contra mí.

Permítanme insistir que incluso si ustedes no están de acuerdo conmigo, tengo el derecho a decir lo que pienso. Tengo el derecho de quejarme. Tengo el derecho de hacer eco de las dificultades que he sido víctima en el continente americano.

En cualquier caso, os animo a leer este título con un espíritu abierto. Os animo también a leer el texto entero. De esta manera, usted podría dar un sentido preciso a mis críticas.

América se encuentra en una etapa difícil. Las familias de inmigrantes sufren demasiado. Alguien debe tener la valentía de decir lo que es, y esto la manera en que él o ella lo percibe. En los próximos seis capítulos, trataré de hacer exactamente eso.

¡Buena lectura!
Ben Wood Johnson, Ph.D.
Enero 2020/EE.UU.

Actualizado en Junio 2020

CAPÍTULO I

CAPÍTULO 1

Regresa en su País

Durante el verano del 2019, el cuadragésimo quinto presidente de los estados unidos, el Señor Donald J. Trump, hizo una declaración pública. Más que nada, sus palabras fueron extremadamente controvertidas. Había un rechazo de esas palabras, cuales muchos veían como un ataque misógino o tal vez un ataque xenófobo contra los emigrantes.

Sobre una plataforma muy popular de redes sociales (conocida con el nombre de Twitter), el señor Trump instó a cuatro miembros del Congreso de los Estados Unidos, que son todas mujeres de color, de "volver a su país de origen infestados de crímenes."[1] Se ha comprobado que estas mujeres son ciudadanas estadounidenses, aún cuando no todas crecieron en el país.[2]

---

[1] Trump le pidió a las mujeres de color que abandonaran América. Katie Rogers y Nicholas Fandos, "Trump Tells Congresswomen to 'Go Back' to the Countries They Came From", *The New York Times*, el 14 de julio de 2019, sec. U.S., https://www.nytimes.com/2019/07/14/us/politics/trump-twitter-squad-congress.html; BBC News, "Trump to Congresswomen of Colour: Leave the US", *BBC News*, el 15 de julio de 2019, sec. US & Canada, https://www.bbc.com/news/world-us-canada-48982172.

[2] Todas, a excepción de Rep. Ilhan Omar, D-Minn, nacieron en los Estados Unidos. Aprende más aquí. Bobby Allyn, "Congresswomen Denounce Trump Tweets Telling Them To 'Go Back' To Their Home Countries", NPR.org, consultado el 21 de marzo de 2020, https://www.npr.org/2019/07/14/741630889/congresswomen

Todas, excepto una de las mujeres que el Señor Trump dijo que "regresara en su país", nacieron en los Estados Unidos. Sin duda, algunas de estas mujeres son productos de la inmigración. Pero antes de todo, son ciudadanas estadounidenses de pleno derecho.

En circunstancias normales, uno debería reprobar la nota del Presidente. Pero este no fue lo que sucedió. De hecho, algunas de las voces más destacadas en la sociedad norteamericana trataron de defender al Presidente. Era tan extraño ver a hombres y mujeres de carera pública y privada erigirse en la defensa de un comportamiento reprensible, simplemente porque no son lo suficientemente hombre o mujer (para decirlo así) para oponerse a la naturaleza alcista del Presidente de los Estados Unidos.

-denounce-trump-tweets-telling-them-to-go-back-to-their-home-countr.

Esto, más bien, nos da una idea de su carácter moral.

En todo caso, el debate se centra en dos cuestiones. La primera es de determinar si la nota del Presidente es racista. No hay ninguna duda al respecto. La nota es racista en su conjunto. El Presidente lo había iniciado, sin ninguna incertidumbre de mi parte, con intenciones racistas.

El Señor Trump no intentaba felicitar a las cuatro mujeres. No había accidentalmente hace el mal uso de determinadas palabras para describir sus raíces culturales. El Presidente quería rebajar el cuarteto. Había hecho exactamente eso. No hay ninguna excusa posible al respecto.

La segunda cuestión es para determinar si las mujeres tienen el derecho de criticar a su país [América], en particular, el gobierno estadounidense, aunque forman parte de ese gobierno. En ese entonces, muchas personas se preguntaban de una manera atolondrada si las mujeres tenían el derecho de criticar al gobierno estadounidense, aunque sirven en el Congreso de este país. Para mí, la respuesta era obvia. Como funcionarios electos, las mujeres poseen el pleno derecho de criticar al gobierno estadounidense.

Estas cuatro mujeres se suponen exigir, aún mas excitar, a su gobierno a trabajar para mejorar las condiciones de vidas de sus electores. Deben esforzar el gobierno a trabajar para el pueblo en general, y no sólo para un grupito. Estos miembros del Congreso deben recordar al gobierno que está ahí para trabajar para todos los estadounidenses y no para algunos que creen que solo ellos tienen el derecho a los frutos de la tierra y otras personas son en el país a causa de su tolerancia. Si el cuarteto no había expuesto el gobierno a tomar su responsabilidad, no hubiesen ejercido sus funciones.

Hay una realidad a cerca de América, que nos revela la psicosis de los estadounidenses, y esto cada vez más. Esto es el racismo. Este flagelo se convierte en un verdadero problema en esta parte del mundo. Negar su existencia es tan perjudicial que aceptar lo. Hay otra cosa a destacar también.

No sé si usted había notado algo extraño en América, sobre todo en los últimos tiempos. El odio es el nuevo orgullo de los estadounidenses. La gente se enorgullece de practicar el odio de uno contra otro. Por así decirlo, el odio es *á la moda* en América.

Debo decir también que el aumento del odio en la sociedad estadounidense no es una cuestión política. No es un problema ideológico. No es ni siquiera una cuestión individual. De una manera u otra, todos somos odiosos. En cambio, el odio es un problema peligroso cuando se practica o incluso cuando esta tolerado al nivel más alto de la sociedad Americana. Es aún más alarmante cuando el odio se convierte en un ingenio del Estado.

Bueno, eso es precisamente lo que el gobierno estadounidense se ha convertido. El odio es la esencia del medio social de los Estados Unidos y es así durante los últimos años. En consecuencia, las familias de inmigrantes son siempre en el centro del debate.

El asunto que ha hecho estragos en la sociedad tiene que ver con desacuerdos a cerca de la responsabilidad del gobierno hacia inmigrantes. Algunos se pregunten cuanto a la medida en que los estadounidenses creen que tienen el derecho a proteger su frontera, aunque deberán hacerlo en detrimento de la humanidad de quienes tratan de emigrar en el país y esto por todos los medios necesarios. Algunos dirían que sí los Estadounidenses tienen un derecho de excluir a otros en su tierra.

Aquí, no voy a discutir este derecho. No voy a hacer caso a una idea tan descarada. Tampoco voy a examinar el presunto derecho de hacer daño a los demás. Seria de mala fe de mi parte si lo hiciera así.

Otros observadores, quizás las personas que son animadas de mucho más de humanismo, dirían que los estadounidenses no tienen el derecho de comportarse de esta manera. Es decir, América no debe convertirse en un lugar donde la intolerancia es un hecho real. Esta realidad pudiera llevar la sociedad a un punto de explosión. Yo estaría de acuerdo con este punto de vista.

Con todo, debo señalar que el concepto de conceder [o denegar] a los inmigrantes el chance para establecerse en América es un falso debate. Siempre hay una necesidad para inmigrantes en América. De hecho, América fue construida por inmigrantes venidos de todas partes del mundo.

Diría yo, los Estados Unidos es un país de inmigrantes. Quizás es presuntuoso de mi parte de decirlo así. Sino tal vez sería también una prueba de mi ignorancia si le dijera de otra manera. Por así decirlo, los estadounidenses parecen haber olvidado cómo ellos (o sus padres, según la forma en que usted lo ve) llegaron en América.

Usted que está allá y que parece creer que sólo usted tiene el derecho a esta tierra, recomiendo un paseo en los pasillos de la historia. ¿Qué diría usted si los habitantes de origen de esta tierra [robada] o las personas que vivían en el continente americano (es decir, los amerindios o indios, en función de la forma en que usted quiere describirlos) tenían los medios, el deseo o el poder de expulsar a los Europeos que se habían asentado sobre sus tierras? ¿Podríamos hablar de América hoy? Les dejo la tarea de reflexionar sobre estas dos cuestiones.

Supongo que los inmigrantes no son una amenaza para América. Diría por lo contrario que los inmigrantes representen la esencia de América. Así, aquellos que buscan una vida mejor en los Estados Unidos, para decirlo así, los inmigrantes, no pueden, en ningún momento, de ninguna manera o en cualquiera forma, destruir a América.

Contrariamente a la afirmación del Señor Trump, los inmigrantes, incluso aquellos que llegaron a la frontera sur del país, no son violadores. No son delincuentes. No son miembros de ganga. No son gánsteres.

Su país de origen no es suficiente para hacer de usted un ser depravado. Su estatus de inmigración no puede despojar a usted de su humanidad. Pretender lo contrario es simplemente malicioso.

CAPÍTULO II

Una Historia de Inmigración

América tiene una larga historia de inmigración. Como lo dije anteriormente, el país fue construido por inmigrantes. Hasta la fecha, el epicentro económico estadounidense se basa en la mano de obra de los inmigrantes. La idea de que los inmigrantes crean más problemas que ayudan a resolver es ridícula.

Debo decir que el odio que muchas personas sienten para los inmigrantes no es un fenómeno nuevo. La historia de los Estados Unidos esta llenada de casos en que los inmigrantes han sido mal tratados de aquí por allá. Que quede claro, este trabajo no acentúa sobre la realidad de la inmigración en sí. No se trata tampoco de descubrir el concepto de odio en su conjunto.

Como ya dije antes, hay una realidad en América. Ésta es cada vez más alarmante. Los inmigrantes son deshumanizados al punto donde no estoy seguro de que los que participan en el envilecimiento de otro ser humano entiendan el impacto de sus acciones sobre la especie humana en general.

El entendimiento de decir a los inmigrantes (o incluso quienes son considerados inmigrantes) de volver de donde vienen es de carácter xenófobo. Pero es un insulto que tiene un contorno histórico. Esta invectiva es antigua de muchos años.

Este sentimiento de rechazo, también debo confesar, es la esencia de la exclusión social que caracteriza el paisaje americano, sobre todo en estos días. Sé de qué hablo cuando digo esto. Hablo en base de mi propia experiencia.

Vivo en América desde un buen tiempo. He vivido en este país un poco más de la mitad de mi vida. Cuando llegué en los Estados Unidos para quedarme, estuve en el comienzo de mi vente anos. Ahora, estoy casi en medio de mis cuarentenas. Pero tengo la impresión de que acabo de llegar aquí. De hecho, me han tratado de manera que yo no hubiera podido imaginar si no me hubiese puesto el pie en América.

Aunque soy un ciudadano estadounidense sobre un pedazo de papel, nunca he realmente tenido este sentimiento en el corazón. Pero este no es porque no he querido sentirme de esta manera. Después de todo, yo no me sentí obligado a convertirme en ciudadano estadounidense. Esta decisión fue motivada por un deseo de pertenencia. Sin embargo, sé que en el mundo real, no me consideran como un norteamericano. No me hago ilusiones en este asuntó. ¡Pero que desgracia para mí!

Yo quería tanto ser un americano. Yo quería disfrutar de todos mis derechos civiles y políticos, y esto al igual que mis compatriotas americanos. En alguna parte, a pesar de todo, mi nacionalidad americana tiene poco valor intrínseco. Mi *Americanismos* fue reclasificado. Mi ciudadanía no tiene el mismo valor que la de otros estadounidenses.

Aquí, no he sido tratado como un hijo. En este país, no he sido tratado como un hermano. En este lugar, no he sido tratado como un primo. En este rincón del mundo, no he sido tratado como un pariente. En esta vecindad, no he sido tratado como un vecino. En este sitio mezquino, no he sido tratado como un amigo. ¿Pero que podría hacer?

Soy un extranjero en el continente americano. Soy ajeno en Norteamérica. No me pertenezco en los Estados Unidos. No he sido tratado como si pertenecía o como si podía pertenecer en ese lugar. En consecuencia, me he retirado de la vida social del medio.

En la ciudad donde vivo, no asisto a reuniones públicas. No tomo parte, ni de cerca ni de lejos, en ninguna actividad gubernamental. Tampoco me he riendo a las demandas prostituidas de aquellos que controlan la ciudad para nada.

Mientras tanto, he sido marcado por la policía local. Han hecho todo lo posible para humillarme. He recibido su mensaje. Comprendo mi lugar en la comunidad. Me ha quedado callado. Me he fijado.

Como medio para evitar la humillación a caracteres racistas, sostengo mi distancia en la zona. Como una forma de proteger me, me he abstenido en la región. No fijo interés en las actividades públicas o privadas de los miembros de la comunidad. Muchas personas en mi vecindad han hecho todo lo posible para llevarme a comprender que no quieren de mí. De hecho, yo me he retirado del medio ambiente, por lo menos, lo he hecho de una forma simbólica. Podría decir que todo ha funcionado para mí, porque estoy aislado. Así, conservo mi silencio en mi vecindad.

Tampoco participo en la política del país. Hasta el año 2019, yo no voto en América. La última vez que estuve interesado por la política era en 2008. Fue durante la elección de Barack Obama. Quería votar por el Señor Obama. Lamentablemente, este año, debo también decir, viví algunos de los peores momentos de mi vida.

No sé para ustedes. Pero la elección de Obama era una maldición para mi familia.

Su Presidencia ha dado las justificaciones que algunas personas con tendencias racistas en mi comunidad necesitaban para agredir a mí y a mi familia, y eso para todo y para nada. Durante la presidencia del Señor Obama, el odio que muchos de mis vecinos tenían para el hombre, no necesariamente para el Presidente en sí-mismo, era palpable.

Durante este tiempo, veía una tendencia alarmante en la psicosis del pueblo estadounidense. Había un sentimiento de odio que comenzaba a expandirse por el Presidente Obama. Ese odio era manifiesto en todas partes. Para la mayoría de los estadunidenses, este desprecio estaba motivado por el racismo. Sabía que las cosas iban a empeorar antes de mejorar. En efecto, las cosas han empeoradas, por lo menos es el caso desde la elección del Señor Donald Trump.

Desde 2008, he vivido un nivel de exclusión en América que hace la crónica. No es ni siquiera lógica. Es como que vivía en un sueño abstruso.

Si no fuera por el hecho de que yo había crecido en un país pobre, no sé cómo estaré en condiciones de resistir. Si no fuera por el hecho de que estoy acostumbrado a las dificultades, no sé cuánto tiempo habría podido resistir al desprecio y la humillación, que me veo obligado a vivir hasta la fecha. A veces, creo que estoy maldito en América.

CAPÍTULO III

SER MALDITO EN AMÉRICA

Ustedes me pedirían tal vez. ¿Cuál sería la razón por la cual yo podría ser maldito en América? No sabré que responder a ustedes. Sólo tengo la impresión de que el color de mi piel o mi negritud es un problema importante. También tengo la impresión de que mi condición de inmigrante desempeña un papel en mi desgracia en el país.

Para decirlo una vez más, estoy experimentando un nivel de exclusión social que no hace ningún sentido, quizás sólo en un sueño. Si bien, estoy viviendo esta realidad atroz, mientras que estoy despierto. Soy testigo de mis propias miserias, mientras que estoy en ayunas, y esto en pleno día. ¿Qué puedo hacer?[3]

Aunque estoy calificado tal vez en la medida que muchos estadounidenses son probablemente, me veo obligado a prostituirme cuerpo y alma para encontrar trabajo. Me ha rebajado en cualquier extremo y en todos los sentidos. Me puse en las rodillas ante todos para que me dieran la oportunidad de vivir una vida digna. Me ha rebajado para obtener un medio humilde y eso para satisfacer las necesidades de mi

---

[3] Es una manera de decir que soy consciente de mi situación.

familia. A pesar de que, me han negado esta posibilidad a cada rincón. Es como si mis títulos académicos, aunque les he obtenido en dos de las más prestigiosas universidades de los Estados Unidos, son sin valor.

En ese país donde dicen siempre que respeten los derechos humanos, no recibo esos derechos. No comprendo lo que me ha pasado. No comprendo por qué no tengo ningún derecho en América. Yo no entiendo nada. No hay una vida para mí. ¿Por qué es el caso, siempre me pregunto? Aún, diría yo, no conozco la respuesta.

Aquí esta lo que yo sé. Estoy lejos de ser una persona floja. Soy un trabajador infatigable. Amo a arar. Pero por alguna razón, en América, me dicen que estoy sin valor.

Estoy seguro de que mi condición de inmigrante tiene mucho que ver con el hecho de que mis títulos no tienen ningún valor en América. Mi país de origen tiene mucho que ver con el hecho de que no me han dado la posibilidad de vivir. Me tratan con un desdén incomparable a cada instante.

Este no es la América que yo había oído hablar cuando yo era pequeño. Yo no sabía nada de esta América. Si lo supiera, yo no hubiera inmigrado en ese entorno inhumano.

Este no es el país que estaba esperando cuando deje por atrás el mío. Estaba lleno de esperanzas. Pensé que iba a vivir el sueño americano. Ahora, estoy viviendo la pesadilla americana en pleno día. ¿Que es lo que ha sucedido a América? Verdaderamente, yo no lo sé.

Esto es para decir que soy un inmigrante en mi cuerpo y dentro de mi alma. Saben, vengo de Haití. ¿Pero es que eso significa que no tengo ningún valor intrínseco? Os dejo de determinar si es así.

En caso de que ustedes no lo sabían, permítanme decirles que Haití es uno de los lugares más maravillosos en el mar Caribe.

Es tierra de historia. Es allí donde los hombres negros habían demostrado al mundo que la esclavitud era inhumana.

Haití es un lugar increíble para vivir. Es una tierra que se asemeja al paraíso. La belleza de Haití es incomparable en muchas regiones de América. Haití podría dejar usted sin palabra a fuerza de contemplar su belleza natural. La mayoría de los americanos lo saben muy bien. Algunos de ellos dedican su vida en la búsqueda del sueño Haitiano.

Los haitianos son algunas de las más bellas almas en el planeta. Somos respetuosos. Somos generosos. No somos rencorosos. Estamos llenos de humildad y sabiduría. Mientras tanto, estamos considerados como gente indigna. Se nos maltrata por donde vamos.

Para la mayoría de la gente en América, me pena decirlo, los haitianos son sin valor. Para ellos, somos comparables a las migajas de materias fecales. Los haitianos son humillados no sólo como pueblo, sino también como individuos. No somos deseados, y esto en todos los lugares que nos encontramos.

Por supuesto, algunos haitianos, un poco presuntuoso, si me atrevo a decirlo, piensan que son mejores que los demás. Algunos podrían decir, "Me complace en América". Algunos podrían pretender que nunca han recibido malos tratos en América. Es más bien, yo diría que es bueno para ellos.

Más que nada, no he conocido ese lujo. Muchos de nosotros no hemos tenido esta oportunidad. No puedo ponerme sobre el mismo pedestal con ellos. Mi realidad es mucho más cruel.

Sin embargo, un hecho es cierto. Si usted viene de Haití [el país de mierda, como el Señor Trump dijo con tanta elocuencia], usted es igual que la mierda. Usted es tratado como la mierda.

Si usted es haitiano y se encuentra en América, usted ha perdido su humanidad. Si usted es un haitiano en América, usted es nada. Es como si usted no tuviera un ser. Es como si usted no fuera un ser humano como todos en el mundo.

Sin duda, usted puede quizás ser entre los que son afortunados. Usted puede tener la oportunidad para ganar una vida digna. Pero la mayoría de nosotros, usted debe también entender, por lo menos sus compatriotas [haitianos], no tenemos esa oportunidad. En efecto, somos nada en América. Lamentablemente, estoy viviendo este estado de nada todos los días de mi vida. Créanme, no es un estado de ser agradable para cualquiera, y esto no importa que la persona venga de Haití, México, Somalia, Guatemala, Honduras, o de cualquier rincón del mundo.

Para ser claro, este trabajo no examina al fundo la personalidad del Presidente estadounidense, en este caso el Señor Donald Trump. Empero, debo señalar que este señor ha revelado el estado mental del pueblo estadounidense al mundo. Ha también hecho esta revelación a América.

Es comprensible que tantos estadounidenses sean indignados contra el Señor Trump. No obstante, es comprensible así como tantos americanos apoyan al Presidente Trump en todas sus acciones a caracteres racistas. Ahora, yo diría que el Señor Trump revela el corazón de América, y ha hecho esto con todos sus buenos y malos granos.

CAPÍTULO IV

La Grandeza de los Americanos

E l eslogan del siglo es de recuperar la grandeza de los estadounidenses en el mundo. Como dicen en Ingles: "Make America Great Again". Eso es el lema del Señor Donald Trump.

La cuestión que me pongo es la siguiente: ¿Cómo podemos renovar una grandeza perdida? ¿Es posible de renovar una grandeza perdida? No sabré como responder a usted.

Los estadounidenses tienen la costumbre de decir que son un pueblo de justicia. Los estadounidenses tienen la costumbre de afirmar que América es un país de libertad. Los estadounidenses tienen la costumbre de decir que América es una sociedad donde la democracia predomina. Los estadounidenses tienen la costumbre de hacer eco de que América es un país de derechos humanos.

Sin embargo, mire la frontera sur del país. Hay un nivel de atrocidad sin semejante contra las personas que tratan de emigrar a América. Estoy seguro de que la historia condenará a todos aquellos o todas aquellas que están involucrados o involucradas en el trato inhumano de las familias de inmigrantes que son detenidos contra su propia voluntad allí.

En todo el mundo, se tiene miedo de este buitre frívolo que no deja nada a su paso. En todo el mundo, se teme el vandalismo cultural de los estadounidenses. En todo el mundo, se teme la alienación social impuesta por los estadounidenses. En todo el mundo, se tiene miedo de la usurpación económica de los americanos. En todo el mundo, se tiene miedo del tío Sam.

Los estadounidenses no quieren lo que quieren. No se interesan por ellos mismos. No les importa lo que quieren los demás. ¿Me pregunto, es posible de ser un gran pueblo actuando así? Yo no lo sé.

Los americanos se creen los únicos herederos de Dios. Los americanos se consideran un pueblo elegido. Se lo gastan como un pueblo bendigo. Los americanos se consideran como un pueblo procedente de una raza de hombres puros. Qué estupidez, Dios mío.

Por así decirlo, todos, a la acepción de los estadounidenses, son castigos del cielo. Por así decirlo, todos, a la acepción de los estadounidenses, merecen la mala suerte y la maldición en esta tierra vaciada y maligna. Qué manera absurda de ver su mundo, me digo a veces.

Los estadounidenses tienen la costumbre de decir que son un pueblo moral y digno. Eso es una propaganda que no me impresiona. Hay una realidad social en América que nadie podría refutar.

De hecho, mire la desesperación que permanece en los centros urbanos del país, como en Detroit, en Cleveland, en Dayton, en Hartford, en Springfield, sólo para nombrar unos pocos. Mire la pobreza, que constituye la realidad de muchas familias estadounidenses. Mire los crímenes y la depravación que impregnan el ambiente. Mire la inmensidad de la desigualdad social y la mala intención económica que constituyen el país. Mire el nivel de corrupción que caracteriza el gobierno americano.

No me diga lo que América no es. No me diga cosas que son falsas. No me cuenta cuentas o no me diga chistes sobre América. Yo sé muy bien lo que es América, y eso de los píes a la cabeza.

Observe América en su conjunto. Di me lo que usted ve. ¿Ve usted grandeza? Si eso es lo que usted ve, seguramente usted necesita gafas o lentes de contacto.

Lamento decirlo, pero no puedo ver la grandeza de América en este momento, o al menos no en estas condiciones. No puedo ver la grandeza cuando el presidente estadounidense, en este caso, el Señor Donald Trump, es como un abuelo irascible que permanece en un estado de demencia incomparable. Todo lo que le viene a la mente también sale de su boca como si su boca era un agujero o un *orificio* donde no existe un mecanismo de filtrado [un colador o de un esfínter] para examinar lo que saca de ésta.

Pido disculpas por esta vulgaridad. Pero no, no, no...no puedo ver la grandeza en el comportamiento de este Señor. Tampoco puedo describir sus actitudes despiadadas de una manera poco coloreada. Si ve la grandeza en este último o en América ahora, usted debe revisar su comprensión de lo que significa la palabra "grandeza ", y esto en los pasillos de la historia de la humanidad.

Como alguien que ha nacido y criado en un país, que muchos estadounidenses consideran indigno, sé bastante para no dejar mi boca guiar mis pensamientos. Soy bastante prudente para no dejar mi capa tomar el control de mi boca. Sé lo suficiente para no dejar que mis emociones tomen ventajas sobre mi cerebro.

Si es cierto, yo no soy un intelectual en la trampa de aquellos que han marcado la historia de la raza humana. No me acreditan como un pensador notable. Quién soy yo en América o qué soy yo en esta parte del mundo importa menos. Lo que pienso o lo que tengo que decir a cerca de mi sufrimiento no tiene ningún valor.

No me han acreditado a hablar en nombre de aquellos que están viviendo momentos difíciles en los Estados Unidos. Sin embargo, no puedo callar mi corazón. No puedo sofocar mi alma. Entonces, aquí vivo en agonía.

Si es cierto, soy nada en América. Soy un emigrante haitiano sin voz e sin palabras. No merezco justicia. No merezco nada de compasión. En realidad, no existo. Yo soy la nada.

Pero conozco lo suficiente para comprender que la grandeza humana no reside en el lugar donde una persona vive o ha vivido en el pasado. La grandeza humana [o la falta de aquella] no refleja el lugar o el medio donde una persona ha visto el día. Es decir, la grandeza [o la ausencia de ésta] no coincide con el país de origen de una persona.

Yo diría más bien que la grandeza humana se encuentra en el corazón de la persona. Es en el alma de todo ser humano. Si quiere renovar la grandeza de América, usted debe renovar, por lo menos primeramente, la grandeza de los americanos. Pero para ello, deberá entregar la humanidad en sus corazones.

Usted debe aprender a los estadounidenses a amarse de nuevo. Usted debe enseñar a los americanos el valor del ser humano. Este conocimiento parece ser olvidado en la sociedad americana. La grandeza, para hacer eco, viene del corazón. Ahora, eso es lo que falta en América.

La mayoría de los estadounidenses no tienen el coraje de decir lo que es. La mayoría de los estadounidenses no tienen la valentía de condenar lo inaceptable. La mayoría de los estadounidenses no tienen la valentía de decir la verdad a los que detienen el poder.

La mayoría de los estadounidenses no tienen el coraje de defender su propio ideal. La mayoría de los estadounidenses no pueden proteger su constitución. La mayoría de los estadounidenses no pueden protegerse, ya sea en sus complexiones personales o colectivas, ya sea en sus entendimientos morales o espirituales, ya sea en sus integridades mentales o ya sea en sus estructuras físicas.

La mayoría de los estadounidenses están determinados a odiar a sí mismos. La mayoría de los estadounidenses están dispuestos a matarse por un sí o por un no. Esto no es grandeza, y eso no es así en ninguna manera.

La mayoría de los norteamericanos se pierden en el desierto de su propio interés.

La mayoría de los estadounidenses no tienen el coraje de denunciar el mal que impregna su sociedad. La mayoría de los estadounidenses no tienen el coraje de permanecer honrado. La mayoría de los estadounidenses no pueden permanecer "la cabeza erecta y los frentes altos" en el mundo. La mayoría de los estadounidenses no tienen el coraje de adherirse a un sentido de respeto mutuo y de coacción. La mayoría de los estadounidenses no tienen el coraje de refutar lo malo. Esos no son los signos de grandeza.

No hay nada de grandeza en esta sociedad. Todo me parece añejo o retrogrado. Es como vivir en un mundo arcaico con ideologías que prevalían en la antigüedad. Es una sociedad atrasada, que más decir.

Cuando os veo tratar a los seres humanos como si fueran excrementos, e incluso cuando Usted sabe muy bien que puede ser responsable de la razón por la cual han abandonado sus hogares, han abandonado su país o han renunciado a su patria, sé que no sabe [o quizás usted no puede darse cuenta de que el color de la piel de un individuo] no define su humanidad. Cuando usted denigra a los inmigrantes, para un sí o para un no, sé que no sabe [o quizás usted no puede darse cuenta de que el país de nacimiento, en particular la línea de sangre de una persona, no define su humanidad. Somos seres humanos ante todo. Hay que ser un ser humano antes de que uno pueda convertirse en un gran hombre.

La grandeza empieza en alguna parte. En general, viene del corazón. La grandeza es innata.

La grandeza no es un distintivo o un juguete. La grandeza no es una palabra que se pronuncia nada más para incitar a la violencia. La grandeza no es un estribillo que uno canta a voz alta para despertar el odio en el corazón de aquellos que son perdidos en su mundo. La grandeza no es un estado pasajero. Cuando uno es grande de veras, uno permanece así para siempre.

La grandeza es algo personal. La grandeza es natural en el hombre. En su sentido lo mas sencillo, la grandeza es una manera de ser que uno no puede hacer o deshacer.

La grandeza es una adición a un estado de ser que ya está a un nivel de perfección sin precedentes. La grandeza no es un eslogan, que os hace orgullosos más allá de ser orgullosos de sí mismo y de los demás. La grandeza no es una palabra que no se dice nada más para suscitar el miedo en el corazón de aquellos que se consideran indignos de ser expuestos a este estado.

Lo repito una vez más. Aquí, no voy a estudiar la cuestión de la raza. De todas maneras, yo no voy a hacerlo en este breve texto. He tratado estas nociones en varios de mis otros trabajos, aunque sean censurados por una razón X o Y. Sin embargo, si usted desea saber más sobre estas ideas, puede encontrar estos trabajos sobre mi sitio web.[4]

---

[4] www.benwoodjbooks.com

CAPÍTULO V

Un Insulto Popular

La nota sin sabor del Presidente Donald Trump sobre las cuatro mujeres de color que trabajan en el Congreso estadounidense tiene una larga historia. Es una manera de insultar a los inmigrantes en el país.

Decirle a un inmigrante de regresar de donde viene es un insulto ineludible, y es así a muchos niveles. Yo conozco ese sentimiento de insolencia de primera mano. En muchas ocasiones, me han dicho de volver de donde vengo.

Lo admito, cada vez que oigo estas palabras, me paso atrás en mi ser. Cada vez que oigo estas palabras, tengo un sentimiento de inferioridad que quita mi sentido de mi mismo. Cada vez que oigo estas palabras, estoy confundido. Cada vez que oigo estas palabras, me siento perdido.

Cada vez que me dicen de volver de donde vengo, me siento rechazado. Cada vez que me dicen de regresar por el camino donde vine, ya sea de manera implícita o explícita, me siento indeseable. Cada vez que me dicen de volver de donde vengo, me siento sin valor.

¿Cuál es la razón por la cual yo no he salido de América, ustedes me preguntarían quizás? ¿Por qué estoy aún en ese país, donde me consideran como si fuera un vagabundo, ustedes me pedirían? La respuesta es simple. Yo no tengo realmente la capacidad de escoger. Yo no tengo un lugar donde irme.

Sí, quiero volver en mi casa. Si quiero seguir en mi camino. Quiero volver en el lugar donde nací. Sí, quiero regresar en mi país natal. Pero debo sobrevivir. Por el momento, sobrevivir en mi casa es un desafío. Yo no podre sobrevivir allá.

Mi país se encuentra en un terrible estado. Quienes ya están establecidos sueñan salir de este lugar en cualquier momento. Regresar a casa en estas condiciones no me haría bien. Mi retorno tampoco haría bien al país y eso para nada. Pero mi realidad no es tan extraña que ustedes podrían imaginarlo.

Muchos inmigrantes no pueden regresar a su país de origen. Para la mayoría de ellos, no hay un lugar para regresar. Son refugiados de guerra o son personas que han tomado refugio en otros países a causa de las atrocidades sin precedentes cometido contra ellos o contra los miembros de su familia. En casos similares, regresar a casa es casi imposible. Estas personas son acorraladas en América. El aspecto más llamativo de todo esto es cuando uno se da cuenta que su patria fue destruida por las políticas económicas de los Estados Unidos.

Otros países están afectados por las políticas exteriores de los políticos belicistas, ávidos de negocios, y carroña capitalistas. Que usted quiere o no, la inmigración es un hecho negativo de los efectos de la política estadounidense en el mundo. La mayoría de los inmigrantes son en la búsqueda de una vida mejor en América. Eso es quizá el efecto no intencional, puede ser intencional tal vez, de la *Doctrina Monroe*.[5]

---

[5] La Doctrina Monroe es la noción de que Estados Unidos no toleraría una colonización o monarcas títeres en el hemisferio occidental. The Editors of Encyclopaedia Britannica, "Monroe Doctrine: History, Elements, & Facts",

Sin duda, la oleada de inmigrantes que tratan de emigrar a los Estados Unidos es el resultado de las acciones tomadas por los estadounidenses en su país. Las redes de emigrantes que quieren cruzar la frontera sur de los estados unidos son los efectos del imperialismo estadounidense en el mundo,

---

Encyclopedia Britannica, el 26 de octubre de 2018, https://www.britannica.com/event/Monroe-Doctrine; The Editors of Encyclopaedia Britannica, "Monroe Doctrine", Encyclopedia Britannica, el 23 de enero de 2020, https://www.britannica.com/event/Monroe-Doctrine; Office of the Historian, Bureau of Public Affairs y United States Department of State, "James Monroe - People - Department History - Office of the Historian", consultado el 8 de marzo de 2017, https://history.state.gov/departmenthistory/people/monroe-james; Our Documents, "Our Documents - Monroe Doctrine (1823)", consultado el 22 de noviembre de 2018, https://www.ourdocuments.gov/doc.php?flash=true&doc=23; Frank Fletcher Stephens, "Full text of 'The Monroe doctrine, its origin, development and recent interpretation'", *archive.org*, Social Sciences Series, 17, núm. 5 (febrero de 1916), https://www.archive.org/stream/monroedoctrineit00steprich/monroedoctrineit00steprich_djvu.txt

más definitivamente en Latinoamérica también en el Caribe. Decir a un inmigrante de regresar a un país que es desgarrado por la guerra, enganchado por la pobreza, consumido por la violencia política o empreñado por una desigualdad social, que, en muchos casos, son los resultados de la política económica de los Estados Unidos o son los productos laterales de la política externa del gobierno americano, es también un insulto insuperable por encima de las exacciones de este país en el mundo. Es una falta de respeto por el sufrimiento de los demás.

Sí, quiero regresar a mi país de origen. Pero es triste darme cuenta que América tiene mucho que ver con la situación difícil que impera en mi país. Sinceramente, yo quisiera regresar de donde vine. Pero es triste constatar que los Estados Unidos no han cesado de violar la libertad individual y la democracia en el mundo. Si es cierto, abandonaría este país sin saltar de pena, sin remordimientos, o sin echar una lagrima. Pero es triste también de constatar que América no ha mejorado la calidad de vida para la mayoría de las personas en el mundo. Por ello, América es el único lugar donde yo pueda ser ahora. En este momento, no tengo ningún lugar adonde irme.

Hay algo más que me da coraje. Durante años, el gobierno estadounidense ha desempeñado un papel importante en la situación política en mi país. El gobierno estadounidense ha apoyado los regímenes despóticos más criminales en mi patria. Los estadounidenses no han tenido en cuenta las necesidades del pueblo. No se preocupen del bienestar de los haitianos, y esto cuando es apropiado para sus propios intereses.

El gobierno de los Estados Unidos apoyó los regímenes políticos más corruptos en Haití. Los estadounidenses no han tenido en cuenta el estado de derecho de los haitianos, y esto cuando es apropiado para sus intereses. La gerencia sin vergüenza de los estadounidenses ha llevado a cabo una campaña económica neoliberal en mi país. Ésta realidad tuvo un efecto devastador e incluso perjudicial en todo el país.

El gobierno estadounidense hizo imposible la existencia de los haitianos en su país. Los jóvenes como yo no podemos vivir en nuestra amada patria. El gobierno estadounidense ha apoyado la inmoralidad sin parar en nuestro querido país.

No, no, no…no me diga de volver al lugar por donde vengo. Usted ha destruido este lugar. Usted ha destruido mi país. Usted ha destruido mi patria. Usted ha destruido la memoria de mis antepasados.

Por lo tanto, yo no tengo la elección, sino que estar en su país. Por lo tanto, yo no tengo la elección, pero venir sufrir y comer la mierda en su país. Por lo tanto, yo no tengo la elección, sino de permanecer en América hasta que usted me botara con los pies desnudos. Es tal vez mi tragedia lo más grande.

¿Que puedo hacer? ¿Que debo hacer? Soy un esclavo en mi entorno. Soy un condenado en este medio avergonzado. Estoy enclavado en este rincón del mundo. Estoy amarrado en este lugar destructor por mi propio ser.

CAPÍTULO VI

En la Búsqueda de una Vida Digna

Según un proverbio popular, "tener el pleno poder viene también con grandes responsabilidades." Yo diría también que la adquisición del poder, cual que sea, requiere así mismo que el que detiene este poder entiende la esencialidad del poder en sí. El que detiene el poder debe comprender que tenga también la responsabilidad hacia los que sufren de los efectos de este poder.

Desde hace varios siglos, los estadounidenses están a la búsqueda de grandeza. Pero ellos confunden la aristocracia con la superioridad física. Ellos confunden la fuerza con la valentía. Ellos confunden el honor con la honradez o la falta de esa. Ellos confunden la dialéctica de las armas con la arma de la dialéctica.

La grandeza es mucho más compleja que de detener el poder de hacer daño a los demás ya sea en el plano físico o en el sentido económico. La falta de compasión para el sufrimiento de los demás puede hacer de un gigante un pequeño. La incapacidad de reconocer su humanidad es tal vez una prueba irrefutable de su bestialidad.

La humildad es la esencia de la grandeza. Eso es cierto en cualquier ser vivo. Pero eso es precisamente lo que faltan a los estadunidenses en sus seres.

Si es cierto, los estadunidenses son muy poderosos. Muchas personas consideran América como el país más poderoso del mundo. Sin embargo, los norteamericanos no parecen comprender los efectos de su fuerza en el mundo.

Con el fin de adquirir más poder, los norteamericanos han mutilado a sus pies los derechos de otros pueblos en el mundo. Han abandonados sus propios ideales. Destruyeron las personas decentes que no piden que el derecho de vivir. Estos pueblos, a pesar de sus afrentas, han emigrado a los Estados Unidos. Pero lo han hecho con la esperanza de encontrar una vida mejor.

A pesar de que algunos agitadores quieren hacerle creer lo contrario, a estas personas les gusta América. Quieren todos pertenecer a ella. No odian el modo de vida estadounidense. De hecho, quieren un trozo de esta vida.

Cuando llegan aquí, no tienen rencor contra los americanos. Todo lo que quieren, es la oportunidad de vivir una vida digna y con pudor. Desde hace muchos años, esta posibilidad fue concedida a muchos inmigrantes. Desde 2001, diría yo, este aspecto de América ha sido desaparecido. Esto se empeoro en 2008, con la elección de Barack Obama.

Hoy, América es como un laberinto. Es un infierno sin igual. Es un lió sin fin. Es un embrollo embriagador que nos resbala las venas. Es un lugar que nos desliza hasta el fundo de nuestro ser.

Aquellos que son bastante afortunados para encontrar un medio para sobrevivir deben trabajar muy duro. Pero quienes, como yo, que no son dignos de vivir el sueño americano, viven en una pesadilla en pleno día. Lo más triste es que estamos empeñados en un lugar que debía ser una esperanza para una vida mejor.

Para gentes como yo, no tenemos ninguna necesidad de un anciano chistoso como el Presidente Donald Trump, para decirnos que es tiempo de regresar de dónde venimos. Si se reunían las condiciones, sería un placer para nosotros de regresar en nuestra casa, ya que América, en su estado actual, es una sociedad [o un imperio, en función de la forma en que usted lo ve] en declive. Para muchos de nosotros, debo del mismo modo conceder, estamos atrapadas aquí.

Algunos de nosotros tenemos familia aquí. Algunos de nosotros habíamos construido nuestra vida aquí. Hemos intentado hacer parte de nuestra comunidad. Queremos hacer parte de América. Pero decirnos de regresar de dónde venimos es un desprecio por encima de todo. Esto significa que estamos obligados a vivir en un lugar que no tiene ningún interés en nosotros.

Lastimosamente, debo admitirlo también, esto no ha sido siempre así.

Hubo un tiempo donde América valorizaba su pueblo. Hubo un tiempo en que América era el faro de la democracia. Hubo un tiempo en que América era un pionero de la libertad. Hubo un tiempo en que América era en el camino de una grandeza sin precedentes en la historia de la humanidad.

Sí, debo admitirlo asimismo, las cuestiones de raza siempre han sido un problema de grande tamaño. El racismo siempre ha intentado penetrar en la sociedad norteamericana. Las personas con tendencias racistas siempre han querido tomar el control del discurso social. Pero el pueblo estadounidense siempre había opuesto a dichos actos. La mayoría de los estadounidenses fueron siempre hábiles para proteger y fortalecer la dignidad humana.

Solían adherirse al respeto de derechos humanos.

Esta adhesión a la dignidad humana nos ha dado la ley de derechos civiles de 1964.[6] Esta adhesión a la pluralidad de América había llevado a un período de prosperidad sin igual. En los ojos de muchos, América era grande. Para muchas familias de inmigrantes, estar en América era un sueño hecho una realidad.

Si usted tenía algo que ofrecer al mundo, América era el lugar para hacerlo. América necesitaba a usted. En nuestros días, debo reconocer, América no le necesita. América necesita de nadie. América está en su propio camino de autodestrucción.

La cuestión que uno debe hacerse es la siguiente. ¿Es posible que los

---

[6] La Ley de Derechos Civiles de 1964. History com Editors, "Civil Rights Act of 1964", History.com, el 4 de enero de 2010, https://www.history.com/topics/black-history/civil-rights-act.

Estadounidenses pudieran ser grande de nuevo sin el apoyo de los que lo habían hecho posible en primer lugar (es decir, los inmigrantes)? ¿Es posible que los Estados Unidos pudieran tener un lugar destacado en el panteón de las grandes naciones o de los grandes imperios? La respuesta, lamentablemente, debo decir, es no.

Otra cuestión pertinente a plantear aquí es la siguiente. ¿Podríamos imaginar una América donde los inmigrantes podrían, en un momento dado, envasar su vida en una maleta y regresar de donde vienen? La respuesta es sin duda en el negativo. Sin los inmigrantes, los Estados Unidos no conocerán el progreso. Este no es lo contrario.

CONCLUSIÓN

ACONSEJO A AMÉRICA de ser prudente. El camino de la historia esta llenado de gente que le juzgarán. También está lleno de momentos de inconfesables malos por los reinos de algunos prestigiosos países que habían recorridos la planeta. Más que nada, estos imperios ya no existen. Sus hijos, en su mayoría, viven en la vergüenza.

No estoy seguro que el pueblo estadounidense, o al menos en su conjunto, desea entrar en esa vía. No creo que la gente de buena fe de América desee asociarse a los malicies de una generación cegada por el odio y la maldad. No estoy convencido de que los estadounidenses, especialmente las generaciones futuras, quisieran llevar tal carga.

Para muchos inmigrantes que viven en América hoy, su suerte está sentada. No estoy seguro de que América pueda revertir la maldición del odio, que parece haber sumergida el país. América está en camino hacia la inhalación. No estoy seguro de que las cosas puedan convertirse en la forma en que fueron antes. América es probablemente perdida para siempre.

En cuanto a mí, estoy perdido en las contiendas social estadounidense. ¿Pero podría yo [o al menos es que quisiera] volver un día en mi país? La respuesta es afirmativa. Me lo gustaría mucho. El problema es que América es también mi país.

No importa dónde voy, tendría aún la necesidad de volver a América. Por lo tanto, tengo todas las razones de que los Estados Unidos se conviertan en una gran nación y eso en todo su esplendor. Haber dicho esto, reconozco que no podría formar parte de América si los estadounidenses no quieren de mí. En este caso, yo diría con vehemencia que América nunca será grande. América no recuperará jamás su grandeza [supuesta] pérdida, o al menos si la exclusión social se convertía en su meta o en su brújula.

A CERCA DEL AUTOR

BEN WOOD JOHNSON, PH.D.

El Dr. Ben Wood Johnson es un observador social. El es un filosofó. Es un investigador multidisciplinario. Ha escrito sobre la filosofía, la teoría jurídica, la política pública e internacional, la educación, la política, la ética, los asuntos de raza y el Delito.

El Dr. Johnson es graduado de la Universidad de Pennsylvania y de la Universidad de Villanova. Es titular de un doctorado en liderazgo educativo, de una maestría en ciencias políticas, de una maestría en administración pública y un bachillerato en justicia penal.

El Dr. Johnson ha trabajado como agente de policía y en otros aspectos en el ámbito del mantenimiento del orden. Es un ex alumno del Colegio John Jay de justicia penal.

El Dr. Johnson habla varios idiomas, incluyendo, pero sin limitarse a ellas, el francés, español, portugués e italiano. El Dr. Johnson ama la lectura, la poesía, la pintura y la música. Puede contactar con el Dr. Johnson utilizando la información a continuación.

OTROS DATOS

Utilice la información presentada a continuación para ponerse en contacto con el autor.

Dirección

Eduka Solutions

330 W. Main St #214

Middletown, PA 17057

Correo electrónico

E-mail

dirección: <u>benwoodjohnson@gmail.com</u>

Redes Sociales

Para saber más sobre el autor, usted puede visitar sus perfiles en las redes sociales. Para saber más sobre sus trabajos, visita las plataformas de medios sociales siguientes.

Twitter: @benwoodpost

Facebook: @benwoodpost

Blog: www.benwoodpost.com

Sitio Web: www.drbenwoodjohnson.com

Librería: www.benwoodjbooks.com

Otras Publicaciones

Otros libros por Ben Wood Johnson

1. Racism: What is it?

2. Sartrean Ethics: A Defense of Jean-Paul Sartre as a Moral Philosopher

3. Jean-Paul Sartre and Morality: A Legacy Under Attack

4. Sartre Lives On

5. Forced Out of Vietnam: A Policy Analysis of the Fall of Saigon

6. Natural Law: Morality and Obedience

7. Cogito Ergo Philosophus

8. Le Racisme et le Socialisme: La Discrimination Raciale dans un Milieu Capitaliste

9. International Law: The Rise of Russia as a Global Threat

10. Citizen Obedience: The Nature of Legal Obligation

11. Jean-Jacques Rousseau: A Collection of Short Essays

12. Être Noir: Quel Malheur!

13. L'homme et le Racisme: Être Responsable de vos Actions et Omissions

14. Pennsylvania Inspired Leadership : A Roadmap for American Educators

15. Adult Education in America: A Policy Assessment of Adult Learning

16. Striving to Survive: The Human Migration Story

17. Postcolonial Africa: Three Comparative Essays about the African State

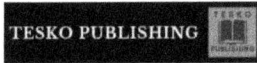

TESKO PUBLISHING

REFERENCIAS

Usted puede encontrar otros trabajos por el Dr. Ben Wood Johnson al visitar su blog.

MY EDUKA SOLUTIONS

www.benwoodpost.com

TESKO PUBLISHING

An independent publishing house

www.teskopublishing.com

Dejar vacio